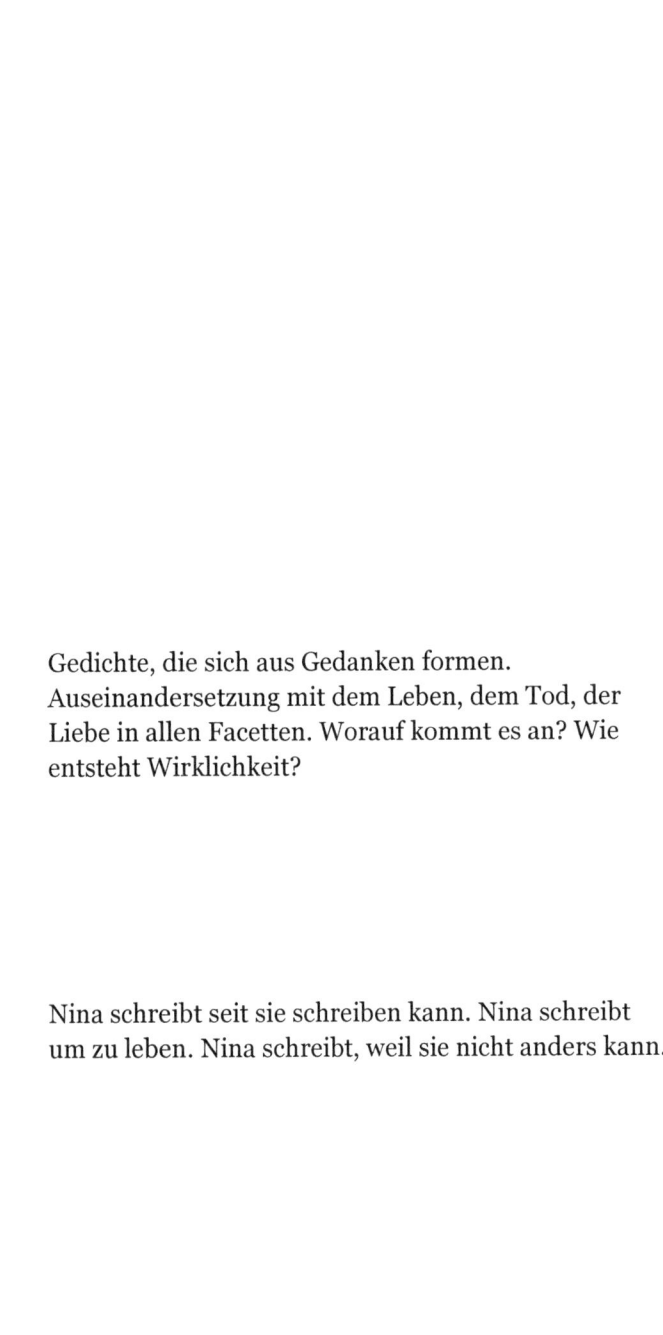

Gedichte, die sich aus Gedanken formen.
Auseinandersetzung mit dem Leben, dem Tod, der
Liebe in allen Facetten. Worauf kommt es an? Wie
entsteht Wirklichkeit?

Nina schreibt seit sie schreiben kann. Nina schreibt
um zu leben. Nina schreibt, weil sie nicht anders kann.

nina schreibt

vonWegen

hauptsächlich Gedichte

Bibliografische Information der
Deutschen Nationalbibliothek:

Die Deutsche Nationalbibliothek verzeichnet diese Publika-
tion in der Deutschen Nationalbibliografie; detaillierte
bibliografische Daten sind im Internet über
http://dnb.dnb.de abrufbar.

Herstellung und Verlag:
BoD – Books on Demand, Norderstedt
ISBN: 978-3-7460-4399-9

verLieben

Du bist es

Der mein Herz zerteilt.

Der immerfort in meinen Gedanken weilt.

Der Kummer schürt und wieder heilt.

Der ewig unerreichbar bleibt.

Sieh mich!

Deine Blicke fallen

in meine Augen

direkt ins Herz,

wo sie lodernde Brände entfachen.

Noch und noch.

In Deinen Augen

In Deinen Augen
Wahrheit gesucht.
Auf Deinen Händen
sanft getragen.

Fort, nur fort!

In meiner Liebe
fast ertrunken.
Gerettet
hast du mich.

Fort, nur fort!

Von Deinen Lippen
süß genascht.
In Deinen Armen
gern erstickt.

Hier und jetzt!

Wahrheit gefunden.
In der Tiefe. Und Dich.

Als ob der Himmel uns gehöre,
in einer lauen Nacht.

Verbranntest du
an meinen Tränen?

Nachtklang

Sonne brennt heiß auf den Asphalt,
Eis im Glas, Drink wird kalt.
Beats wabern durch die Luft,
bringen mich zum Tanzen, Zeit verpufft.

Bewegte Menschen überall.
Seh dich dahinten, alles andre egal.
Kommst zu mir rüber und nimmst mich mit.
Ich folge dir und halt mit dir Schritt.

Komm und sag mir, was wäre wenn,
wenn du meinen Herzschlag kennst,
wenn wir uns in die Augen sehn
und du zu mir sagst: Du musst gehn.

Seh mich, wie ich in deinen Armen lieg.
Seh, wie mein Herz zu dir fliegt.
Nur eine kurze Sequenz in der Zeit.
Dehnt sich aus zur Ewigkeit.

Reden, verstehen, ohne ein Wort.
Verlassen wir Zeit und Ort.
Auge in Auge, Hand in Hand,
mit dir bis ans Ende der Welt gerannt.

Komm und sag mir, was wäre wenn,
wenn du meinen Herzschlag kennst,
wenn wir uns in die Augen sehn
und du zu mir sagst: Ich muss gehn.

Hitze der Nacht weicht dem Blau
des kühlen Morgens, so nüchtern und grau
Erwacht die Stadt um uns her.
Stunden und Tage vergehn nebenher.

Will noch bleiben, doch werd ich gehen.
Mein Herz so voll, der Kopf wie leer.
Die eine Nacht bleibt immer bestehn.
Ich werd dich nie mehr so wieder sehn.

Komm und sag mir, was wäre wenn,
wenn du meinen Herzschlag kennst,
wenn wir uns in die Augen sehn
und du zu mir sagst: lass uns gehn.

Zerbrech mir den Kopf
mit geheimen Gedanken
Renn immer wieder gegen
alte Schranken.
Kanns fühlen, kanns sehen
und doch nicht verstehen
Alles und nichts in einem Moment.
Mauern brechen, Herz verbrennt.

Komm und sag mir, was wäre wenn,
wenn du meinen Herzschlag kennst,
wenn wir uns in die Augen sehn
und du zu mir sagst: lass uns gehn.
Lass uns gehen.

Es gibt dich

Es gibt die Sonne am Azurhimmelblau.
Es gibt wohl Fabelwesen
zwischen Tag und Tau.
Es gibt den Mond in tiefdunkler Nacht,
Es gibt sein Leuchten,
das verborgene Träume bewacht.
Es gibt ein Geheimnis im Nebellicht.
Und es gibt Dich.

Es gibt das Meer, unendlich weit.
Es gibt das Wasser,
das uns trägt mit Leichtigkeit.
Es gibt Fantasie und Traumgestalt.
Es gibt Fels und Tal,
inmitten derer das Echo schallt.

Es gibt Feuersbrunst und Wasserflut.
Es gibt eine Kraft, in der alles ruht.
Es gibt das Funkeln im Nachthimmellicht.
Und es gibt Dich.

Es gibt Verzweiflung und Tränenmeer.
Es gibt eine Sehnsucht, die alles verzehrt.
Es gibt die Vernunft, die die Hoffnung bricht.
Und es gibt Dich.

Es gibt Ruinen aus Beton und Glas.
Es gibt duftende Wälder und sattgrünes Gras.
Es gibt den Sternenstaub und Augenglanz.
Es gibt Endorphine im Freudentanz.
Es gibt eine Wolke, die Regen verspricht.
Und es gibt Dich.

Es gibt den alles umwendenden Taifun.
Es gibt den sanften, guten Monsun.
Es gibt im Tsunami die verschlingende Welle.
Es gibt den Orkan – trennt Ort von der Stelle.
Es gibt, so sagt man, das jüngste Gericht.
Und es gibt Dich.

Es gibt den Regenbogen, imaginär.
Es gibt die Staubregensonne alle Farben her.
Es gibt fallende Sterne im August.
Es gibt Wünsche,
die sich befreien aus tiefer Brust.
Es gibt Sternschnuppenschwärme
in lauer Nacht.
Es gibt Federschneeflocken
aus dem Himmel so sacht.
Es gibt das reinunschuldig weiße Schlicht.
Und es gibt Dich.

Es gibt Worte und den Moment der Stille.
Es gibt die Melodie der Mittsommergrille.
Es gibt das Unerreichbarglück für mich.
-            es gibt Dich.

Und dann fragst du

Und dann fragst du mich
Was bin ich ...
... für dich?

Siehst du es denn
In meinen Augen
Nicht?

Dass Du meine Quelle bist,
Mein Mut, mein Optimist?
Dass Du mich inspirierst
Und meine Welten irritierst?
Dass Du meine Hülle füllst
Und Verborgenes enthüllst?

Meine Grenze, die ich überschreite,
Mein "über 'n Horizont"
und meine Seelenweite.
Meine Erdung, mein Leuchtfeuer
Gegen all die düstern Ungeheuer,
Deren längst vergangne Schrecken
Mich erwarten in dunklen Ecken.

Dass ich bei dir mich neu erfahre.
Und mich in dir gefunden habe.
Dass sich das GLÜCK im unGLÜCK findet,
Und zu der einen Liebe sich verbindet.

Alles

Konservierte Endlichkeit.

Konzentrierte Ewigkeit.

Mein Leben. Dein Leben.

Auf ein paar Stunden komprimiert.

Schnell gelebt. Alles riskiert.

Wer nicht wagt, verliert.

Ausschließlich bekommen.

Alles mitgenommen.

Mehr gewonnen

Als zerronnen.

Nichts verlorn.

Neu geborn.

Ursprung

Aus den Tiefen der Berge.
Aus dem HErz der Gesteine.
Zur Ader gelassenes Gebirge.
Geschaffen zum schönen Scheine.

Aus den Himmeln das Licht.
Aus dem Glase die Klarheit.
Reinweiß in alle Facetten bricht.
Bekenntnis und Wahrheit.

Aus dem Anfang ein Ende.
Aus dem Schluss ein Beginn.
Unendlich - wie ich´s dreh und wende.
Und stolz trage ich Deinen Ring.

WortSpielErEi

unergründlich - ohne grund

unverbindlich - ohne bund

unverfroren - ohne frost

unvertröstlich - ohne trost

unermesslich - ohne maß

unzerbrechlich - ohne glas

unerklärlich - ohne klarheit

unberechtigt - ohne wahrheit

unverfehlbar - ohne falsch

unaufhaltsam - ohne halt

unverwundbar - ohne wunder

unbegründet - ohne grund

Zeit und Ort

zur rechten Zeit am rechten Ort
bin ich nicht gewesen
am rechten Ort zur rechten Zeit
bist du nicht gewesen.
unsere Wege haben sich noch nicht berührt
als Zeit und Ort noch recht gewesen.
wurden doch zusammengeführt.
Falsche Zeit und falscher Ort.
alles schon auf den Weg gebracht,
Schienen verlegt, verankert, unverrückbar, geradeaus.
Wege ändern undenkbar
unmöglich und doch
kann ich sehen und spüren.
was zusammengehört.
soll kann darf muss ich es wagen
und dich nach deinen wegen fragen?
mit zu viel Kraft und erheblich viel Ringen
die Schienen verbiegen
und die Wege zusammenbringen?

Verlange

Küss mich weich, küss mich samt
und küss mich
gottverdammt
nochmal.

Küss mich dunkel, küss mich verrucht
und küss mich
jetzt verflucht
noch eins.

Küss mich herzgut, küss mich süß
und küss mich
abgrundtief
so ohne Grund.

Küss mich hinterrücks, küss mich verlogen
und küss mich
haltlos
und ohne Boden.

Küss mich eisern, küss mich gnadenlos
und küss mich
endlich
bloß.

Wie ich dich liebe

ich liebe dich mit Zärtlichkeit,

mit einer Tiefe, hoch wie breit.

ich liebe dich mit Sinn ohne Verstand.

ich liebe dich mit Herz und Bauch und Hand.

ich liebe dich vehement und innig.

ich liebe dich im FieberWahnSinnig.

ich liebe dich, wenn ich die Augen schließe

und mit jeder Träne, die ich vergieße.

ich liebe dich, so weit wie das Meer.

ich liebe dich leicht und flüchtig und schwer.

ich liebe dich gestern und liebte dich morgen.

ich liebe dich laut und nah und verborgen.

und auch wenn ich fürchte,

dass ich dich einst verlier,

liebe ich dich. Im jetzt und im hier.

Sommer

Wo sich satte grüne Wiesen
voll Vertraun an sanfte Hügel schmiegen.
Wo grobe Felsen sich erheben
und in den weiten Himmel streben.
Wo warme weiche Sommerluft
und lockend süßer Wiesenduft
sehnsuchtsvoll die Atmosphäre füllen
und jedes offne Herz umhüllen.
Wo Vulkangestein voll Kraft
das reinste Wasser seit jeher erschafft.
Da sehe ich.
Da spüre ich.
Da atme ich.
Mit jeder Faser.
Dich.
Und.
Mich.

Erinnerung

Streicht ein warmer Sommerwind
Über meine Haut,
ist 's so als lägst du neben mir.
Dein Atem so vertraut.

Tauch ich in kühle Meereswellen.
Trägt mich die Silberflut.
Ist 's so, als wär 's dein starker Arm
in dem ich wohl geruht.

Trifft mich ein warmer Regentropfen
sanft und rein und klar.
Spür ich deine Träne wieder,
die eins mit meiner war.

Tanzen Feuerzungen aus der roten Glut.
Heiß und voller Ungeduld.
Fühl ich deine Haut auf meiner,
verbrennt meine Schuld.

Unverhofft aus heit`rem Himmel
kracht Blitz und Donner in mein Ohr.
Gleicht es dieser einen Nacht,
als ich mein Herz verlor.

Bebt die gute alte Erde,
erschüttert unter mir
meine kleine Welt in ihren Fugen.
Mein Leben gab ich dir.

Geschenkchen

So nimm dies hin als mein Geschenk,
dass ich immer an dich denk.
Mein Wunsch für dich fürs nächste Jahr:
Dass all die deinen werden wahr.

Steh ich hier mit leeren Händen.
Doch alle teuren Dinge enden.
Ein Strahlen bleibt aus lachendem Blick.
Von mir zu dir und dann zurück.

Tagtraum

Voll Übermut tanzt meine Fingerspitze,
schwirrt wie ein Sommermückenkind
über deine Haut. Hinterlässt in deiner Hitze
flüchtig kleine Ewigkeiten wie ein kühler Meereswind.

Meine Lippen legen sich auf deine
und deine Wärme fließt in meine.
Meine Seele lehnt sich still an deine
und endlich fügt sich alles in das eine.

Einmal

Einmal möchte ich den Glanz
in Deinen Augen sehn
von den Sternen, die am Himmel
über uns stehn.
Einmal mit dir auf einer Parkbank sitzen
und unsre Initialen in das verwitternde Holz einritzen.
Einmal möcht' ich auf einer Wiese liegen
und meinen Kopf an deine Schulter schmiegen.
Einmal mit dir in die Sonne blinzeln
und einmal deinen warmen Nacken kitzeln.
Einmal möchte ich in kalte Meere springen
und durch die Wellen zu dir dringen.
Einmal das Salz von deinen Lippen naschen
und einen winzigen Kuss erhaschen.
Einmal wünscht ich,
nach einer glühenden Nacht,
dass ich neben dir aufgewacht.
Einmal am Morgen sehn wie deine Lider
sich heben und deine Augen mich sehn,

einmal

und dann immer wieder.

??!

Wenn du mich fragtest,

was mir die ärgste Furcht beschert,

und was es ist, das ich zutiefst begehr'.

Dann offenbart' ich dir und mir,

dass es genau dasselbe wär:

Dass es nämlich ebenso um dich

geschah wie einst um mich.

Und du dasselbe fühlst wie ich.

Seifenblase

Bist mir die liebste Seifenblase.
schillernd bunt und
perfekt rund.
Du.

Bist der schönste Traum.
stark und warm.
Geruht in deinem
Arm.

Seifenblase schwebt vorbei.
Berühre sie ganz zag.
Zerplatzter Traum bei
Tag.

Wunsch

Ich wünsche dir Unendlichkeit,

ein Ritardando in der Zeit.

Einen Funken, Wimpernschlagmoment,

der für immer in deinem Herzen brennt.

verGehen

Wenn wir gehn

Was wir beieinander suchten
und dann aneinander fanden.

Was wir zueinander sagten
und uns untereinander fragten.

Wie wir voneinander dachten
und uns durcheinanderbrachten.

Wie wir beieinanderlagen
und uns ineinander bargen.

Wie wir uns auseinander schälten
und uns übereinander erzählten.

Was wir voreinander versteckten
Und nacheinander entdeckten.

Was wir miteinander sehn,
wird bleiben, wenn wir gehn.

Konjunktivissimus

ich könnte mit dir
mir sonst was vorstellen.
wenn nicht sogar alles.
und dann noch viel mehr.

ich wollte mit dir jeden Berg besteigen
und die Tiefe des Meeres durchstreifen.
ich würde mit dir auf Reisen gehen
und die wildesten Abenteuer bestehen.

ich würde mit dir am Abgrund stehen
und könnte darüber die Zukunft sehen.
und hätten wir den nötigen Mut,
würde am Ende alles gut.

wenn doch nur irgendetwas
diese Zweifel vertriebe.
und so bleibt dir am Ende
nur meine Liebe.

Im Traum gesehn

Zwischen zwei Zeiten zogst du mich.
Um uns steht alles
still.

Zwischen die Welten bringst du mich.
Um uns herum nur leeres
nichts.

Hart und schwer trifft mich
in dem, was ich verschloss,
der eine erste letzte Kuss.

In der Kluft zwischen Raum und Zeit
entsteht begrenzt Vergänglichkeit.
Brennt und schmerzt auf meinem Mund.

Was ich mein eigen nenn?
Die Vorsicht, die Erinnerung,
ein Riss in unserer Zeit.

Gib Acht, mein Liebster,
dass es verborgen bleibt,
was dennoch wahr sein kann:

Dass ich für diesen Augenblick
als deine Frau nur dir gehör.
Und dass du mir ins Herze blickst
als mein geliebter Mann.

Erkenntnis

Es gibt Momente,
vor denen man sich
unfassbar
fürchtet.

Und dann weiß man plötzlich, warum.

Will ich?

Will ich es wirklich wissen,
wie es ist, sie nachher zu küssen?
Nachdem du mich berührtest
und meine Nähe spürtest?

Will ich es wirklich wissen?
Wirst du mich vermissen,
wenn du wieder bei ihr bist?
Ob du mich sogleich vergisst?

Wirst du meine Haut noch atmen?
Welches Herz wirst du verraten?
Wirst du an mich denken müssen?
Will ich das wirklich wissen?

Antwort

Wie es ist, fragst du mich?
Wenn einem das Herz zerbricht?
Wenn tausend Scherben springen
und den stillen Frieden zersingen?

Wie es ist, fragst du mich?
Wenn jede Scherbe sticht
und quält? Und bittersüß und ungeniert
jedes unsrer Bilder in die Realität projiziert?

Wie es ist, fragst zu zuletzt,
wenn die Seele nach Heilung lechzt.
Wenn alle Liebe nie belohnt -
schöner wäre nur der Tod.

Wenn du gehst

Ich hoffe, sie ist es wert,
dass du mich lässt.
Ich wünsche dir, wenn der Sturm losbricht,
dass sie an deiner Seite ist.
Ich hoffe, sie liebt dich
und füllt dein Herz,
Ich hoffe, du bereust uns nicht.
Ich wollte doch dein Unglück nicht.
Ich hoffte, ich wollte, ich ahnte
doch nur
einen Funkenschlag vom Glück.
Ich kostete Leben, ich atmete Liebe.
Ich teilte mein Herz und ließ dich hinein.
Nur einen Moment lang, still stand die Zeit.
Ich berge dich auf immer
und jede meiner Tränen
lässt dich aus meinen Augen.
Nicht aus meinem Sinn.

Sag nichts

sag nichts...
Seh' doch, wie deine Augen
voll Zärtlichkeit
in meine tauchen.

sag nichts...
Fühl' doch, wie deine guten Hände
voll Wärme
meine bergen.

sag nichts...
Weiß doch, wie dein Gedanke stets
voll Sorge
um den meinen kreist.

sag nichts...
spür' doch dein Herz
voll Liebe
gegen meine Rippen schlagen.

sag nichts...

Aus den Augen

Aus den Augen, aber nicht aus dem Sinn.
Weil ich immer in deinen Gedanken bin.
Ich bin um dich her und mittendrin.
Weil ich deine Sehnsucht bin.

Bin ein Teil von dir, verstöre dein Herz.
Zerreiß' dein Gewissen mit süßem Schmerz.
Ich bin dein Einsatz, Verlust und Gewinn.
Bin ich dir aus den Augen. Nicht aus dem Sinn.

FrageZeichen

Und fragte ich die ganze Welt
nach ihrer Sicht auf meinen Konflikt.
Es gäb' keine Wahrheit in diesem Fall.
Richtig und falsch ineinander verstrickt.

Und bäte ich jeden einzelnen von euch
zu raten, was zu tun.
Es wäre doch der falsche Rat,
jeder Ausweg versperrt, jede Tür wär' zu.

Und fragte ich noch tausendfach.
Jede Antwort darauf wär' falsch.
Weil nur die Liebe richtig ist,
der Weg doch immer falsch.

Gegenmittel

Nach rotem Wein gegen den schweren Mut
Brauchte ich.
Schwarzen Kaffee gegen müder Augen
brennende Glut.

Mit süßer Lakritze gegen die Bitterkeit
Kämpfte ich.
Mit Beats und Bässen gegen
die stille Einsamkeit.

Geschriebenes Wort gegen Hoffnungslosigkeit
Offenbarte ich.
Zeichen gegen Schmach
und Verletzlichkeit.

Schichten von Schminke gegen das wahre Gesicht.
Malte ich.
Bunte Bilder gegen
das enthüllende Licht.

Und mit langen Schritte gegen die Angst.
Lief ich.
Bis der Schmerz im Körper
den Schmerz der Seele verstand.

TagNacht

Wie grauset´s mir
vor Dir, o Nacht!
Aus Deinem schwarzen Rachen lacht
die Dunkelheit so schaurig mir.

Wie grauset´s mir
vor Dir, o Tag!
Wo Dein Licht enthüllen mag,
was in mir verborgen blieb.

Wie grauset´s mir ,
Du Dämmerstunde!
Da sehn´ ich mich nach seinem Munde,
der so warm und gut zu mir.

Wie grauset´s mir
vor Dir, o Nacht!
Aus Deinem schwarzen Rachen lacht
die Einsamkeit so schaurig mir.

Zauberer

Zauberer waren wir -
und mächtig.
Riesengleich
und schwerelos.
Im Einklang,
gleich und willenlos.
Im Stillstand der Zeit verharrt,
hat uns der Liebe
Allmacht genarrt.
Als Feuerzungen sich verfingen
und unsre Seelen barfuß gingen.

nachbeben

noch immer
rieche ich
nach dir

und
meiner
mitte
gier

verGeben

Hier und jetzt

Ich bleib im hier und jetzt
Hab alles auf HEUTE gesetzt.
Alles, was kommt, wird wieder gehn.
Und aus Erinnerung bestehn.

Ich denk nur an diese Sekunde
und vielleicht noch an die nächste Stunde.
Bis morgen allerhöchstens maximal,
und übermorgen kann mich mal.

Mein Unendlich ist nicht weit.
Will sehen, wie die Zeit gedeiht.
Weil dieser Gerade-Jetzt-Moment,
Für immer in meinem Herzen brennt.

holler Traum

Die Luft ist schwanger vom Holunder.
Kündet süße Sommerwunder.
Fiebrig will die Hitze flimmern,
Trugbilder von Ferne schimmern.

Mit Bedacht senkt sich die Stille.
Formt sich der eine Weltenwille:
Jedes Wesen müsst' bei Zeiten
innehalten und sich weiten.

Begreift ein jeder diesen Augenblick
unsagbar einfach nicht als Glück?
Müsst nicht ein jeder still verharren
und in Andacht kurz erstarren?

Neid und Eitelkeit vergehen,
würden Sommerwinde wehen.
Nachbarn sich als Freunde einen,
begraben Missgunst unter Steinen.

Wie würd die Erde Luft sich holen,
hätte stolz und unverhohlen
den Traum des Friedens wahr gemacht.
Wär' nicht der Mensch und seine Macht.

Sommernacht

Der Himmel im August

ist mir nicht schnuppe,

WEIL ich

ohne ABER, ohne WENN

und TROTZDEM

und OBWOHL,

in jeder Nacht

zu jeder Stunde,

was du dir wünschst,

vom Himmel hol.

Herbst

Sturmschwangere Wolken
tief in die Stirn gezogen.
Der Himmel hängt schwer,
Blau war gelogen.
Finstrer Blick aus Moorseenaugen,
alles Leben längst verbannt.
Verhärmter Lippen nebliger Atem
watet schaurig übers Land.

Kalt und feucht kriecht Herbstens Odem
unter eines jeden Haut.
Himmels Gebrüll erstickt im Keim
jeden hoffnungsfrohen Laut.
Nadeldünner Sonnenstrahl
versucht sein Glück.
Scheitert. Stahlschwerer Himmel
weist sein Licht zurück.

Nacht schleicht sich um alle Ecken
auf dem Hof und um das Haus.
Kreischender Sturm treibt
mit wildem Gebraus
eiskalten Regen gegen das Tor,
gespenstert gegen Fensterscheiben.
Glücklich all jene, die müde
unter warmen Federn sich die Augen reiben.

20 10 7 44

Sonne

Ging auf.

Glutrot und einsam.

Du und ich gemeinsam.

War(u)m?

Hoffnung vs. Vernunft

Warum nur klammert sich
der Hoffnung schwaches Licht
an das, was doch so unwahrscheinlich,
bei Licht besehen, gar unmöglich ist.

Warum nur unterliegt die Hoffnung bloß
wie ein dünner Halm von Stroh
dem Schwergewicht der Einsicht nicht,
die wie ein Baumstamm fällt
und jeden Halm umbricht.

Warum nur leuchtet unter klaren Wassermassen,
von denen Feuersbrünste sich ersticken lassen,
ein kleiner Funken weiter und besteht.
Kann es denn sein, dass eine Hoffnung
über aller Logik steht?

Und warum kommt die Höchstwahrscheinlichkeit
nicht gegen ein verschwindend kleines
„MÖGLICH" an?
Und dass man,
wenn Hoffnung und Vernunft im Streit,
der Hoffnung stets den Vorzug geben kann?

Mag sein, es gilt aus alten Zeiten,
von Beginn der Menschheit an
und länger noch als jetzt:
Die Hoffnung stirbt zuletzt.

verSchlingen

Sandsturm

wüstengleich bis zum horizont.
keine liebe mehr, die in mir wohnt.
trocken, heiß und kalt bei nacht,
gleißend´ sonnenglanz bewacht,
was verging und das, was kommt.

aus dem allmächtigen nichts,
des universums enthüllenden lichts
erhebt getös sich und gebraus.
wächst an, schwillt und atmet laut aus,
das was verging und ein, was kommt.

heißer sand und brennende Luft
staub wirbelt auf, verhüllt meinen ruf
sekunden nur und schon wird blau
des friedenshimmels zu dichtem grau.
schluckt, was verging und was noch kommt.

sonne versinkt, blick abgewendet.
die lungen voll staub, atmen beendet.
trennen schwerter aus sand
seele und verstand
von dem, was verging und kommen mag.

sturm verstummt, himmel wird klar
sandkorn an sandkorn, so wie es immer war
neu formiert und in andrer gestalt.
dennoch wüste - wie die zeit so alt.
wie das, was ging und das, was kommt.

Ungehört(1)

Traumverhangen
höre ich mich deinen Namen sagen.
Leises Flüstern zwischen finster´n Nächten
und grauen Tagen.
Löst sich von meinen Lippen
ein heiseres Wort.
Ein kalter Wind weht es hinfort.
Ein leichter Hauch Seelennebel zerfällt
in ungehörtes Nichts und die Welt
sieht nicht hört nicht fühlt nicht eben jenes
was längst vergangen und geschehn ist.
Dein Name schwebt fort von mir im
Nebeldunst
und buhlt im Mondlichtweiß um deine Gunst.
Auf der Suche nach deinem Gehör
verklingt es leise. Und schwer
wiegt die Erkenntnis, dass alles Hoffen vergebens war.
Im steigenden Licht des Morgens so klar
verklingt Dein Name.
Ungehört.

Ungehört(2)

traumverfangen flüsterst du
seinen namen in die Dunkelheit
spinnwebzart zerfasert sein klang
in schwarzer einsamkeit
in eisklarer kälte der andauernden nacht
senkt sich der neblige hauch
deines flüsterns so sacht

schickst seinen namen auf die nächtliche reise
zu ihm, auf das der ruf deines herzens
ihm liebe verheiße
kaum im bewusstsein hängt sein klang
zwischen der welt
verklingt so zaghaft
bevor er in sich zerfällt

hoffen klammert sich bang
an den nebligen atem und furcht
und dann ringt sich schmerzlich
wahrheit zu wirklichkeit hindurch
hauch vergeht
sein name verweht
in dieser nacht
wie in jener zuvor
und der danach.

Aus und vorbei

Diesiger Nebel zieht mir vors Gesicht.
sehe nicht, was wirklich, richtig, wichtig ist.
Grad eben hast du mich noch gesehen.
Jetzt gehst du und lässt mich stehen.

Holte noch Hoffnung mir die goldene Sonne von oben
Scheint es nun, als sei ihre Glut vorbeigezogen.
Unter dem Fuße umgibt mich dunkles Moor,
verstoßen die Liebe, die ich uns einst schwor.

Die reine, innige Einigkeit verband uns zwei
vorbei, entzwei, einerlei und dabei -
verzeihst du mein Denken? ich dachte ich sei
die einzige, die eine, die deine und frei.

Gescheitert, zerschellt, zersplittert am Stein
der Mauer aus Schweigen und doch könnte es sein,
dass du sie einst findest, die kleinste Scherbe
meiner Seele. Dann, wenn ich sterbe.

Depression

Ich habe das Schwarz gesehen.
Inmitten darin sah ich mich auferstehn.
Sein tiefes Auge hat mich erblickt,
sein Locken hat mich wohl verzückt.
Es zog mich
sog mich
an sich
in sich
hinein.
Pflanzt sein Rhizom darein.
Rings in mein schweres Mühen.
Heuchelt Stille im Verblühen.
Verspricht mir warm und weich
zu hören, was mein Herz befreit.
zu singen, was ich nicht mehr vermag
und
auszulöschen jeden Tag.

Warten

Nächtelang hab ich den Wind gehört,
der zwischen den Ästen kahler Sträucher
sang sein schaurig' Lied.

Nächtelang hab ich den Regen gehört,
der an die Scheibe meines Fensters
trommelte gar graus´gen Takt.

Nächtelang hab ich die Dunkelheit gehört,
die zu mir, durch Fenster und Gardine,
gedrungen mit eisigem Atem.

Was machst du

Knallst in mein Leben und wirfst alles um,
zeigst mir, dass Leben möglich ist
und die Erfüllung,
was Feuer ist und was verborgen blieb –
lange und tief-
Stößt Türen auf, an denen ich bis jetzt
blindlings vorbeilief,
bringst mich durch verborgene Tore
in eine andere Welt.
Seh mich verwundert um und merk,
ich bin auf mich allein gestellt.
Lässt mich einfach so
in diesem Chaos hier zurück
mit all den Zweifeln und all dem Glück.
Treff dich nur noch in meinen Träumen.
Fang an, mein echtes Leben zu versäumen.

Tage, Wochen ziehn dahin und vorbei an mir.
Harte Landung in der Wirklichkeit
und wie geht es dir?
Begreife langsam schmerzlich,
dass nichts wahr war an dem Glück.
Träume vergehn
und du kommst nicht mehr zurück.
Abschied bringt mich beinah um,
um mein Leben fast, um den Verstand.
Bittersüß zerfällt Erinnerung zu Staub
und rinnt durch meine Hand.
Ich rück mich zögernd
wieder gerade und zurecht.
Begreife langsam, es war nur ein Traum,
nicht wirklich, nicht echt.

Setz' meinen Zug wieder auf das alte Gleis
und sag mir, wer ich bin,
bis ich es wieder weiß.

Dann bist du plötzlich wieder da.
Unvermittelt wieder, schon wieder
viel zu nah.
Von rücklings wieder
mitten in mein Herz geflogen.
Bin sofort wieder in deinen Bann gezogen.
Wieder mehr als Glück und nun?
Wie ergeht es dir?
Wenn ich dich nicht mehr wiederseh´,
mein ich, ich erfier.
Möchte alles erfahren und von dir wissen,
was hältst du denn von alldem?
Doch scheu ich die Frage
und die Antwort darauf.
Werd' ich was du mir sagst, verstehn?
Deine Augen strahlen mich an
und mitten mir ins Herz.
Dann wochenlang nichts –
außer dem Schmerz.

was machst du denn
mit mir und meinem Leben
willst nichts, doch bin ich drauf und dran
dir alles, was ich bin, zu geben
egal was du machst und egal was nicht
es sind deine Augen,
mit denen du mir alles versprichst.
egal, was begonnen, beendet,
und was vielleicht noch nicht vergangen.
so oder so: ich hab mich
in deinem Netz
verstrickt und verfangen.

Schreibblockade

Da sind keine Wörter mehr.
Kinderkitschig, pubertär.
Beschmutzt und verrissen.
Has(s)t du es.
Nanntest es zornig:
Widerlich!
Und am Ende
Wo bin ich?

verhaltensweise

augen zuhalten,
ohren zuhalten,
um durchzuhalten,
nicht aufzuhalten.

Vorgehalten!
Draufgehalten!
Wort gehalten?
Angehalten?
Um meine Hand zu halten?
Mich festzuhalten?
Nichts davon gehalten!

stillhalten.
aushalten.
hinhalten.
mundhalten.
herhalten.

H A L T !

zu schwer

Zu schwer, zu schön
trage ich
an der Liebe.
Ein Stein zuweilen
ein Klumpen Gold.
Phönix' Flügel,
die mir wuchsen,
verbrannten -
wie einst die des Ikarus
am Glanz des Feuers.
Jede Brücke über
jenes fließende Grab
lockt:
Komm heim, steig hinab
und ruhe an Undinens Busen.
Und Loreley singt
tröstlich mir von Ferne
bittersüßes Lied
von uralter Zeit.
Mein Sehnen zieht
mich willenlos
hin zu ihr.
Befreit
zerschelle ich
an ihrem Fels
und an der Liebe.

Verlaufen

Ich hab mich verlaufen,
verirrt und verrannt.
Finde den Weg nicht,
den ich als den meinen gekannt.

Das Pech an den Händen,
streckt Neid den Arm mir entgegen.
An seinem schwarzen Teer
bleibt meine Liebe kleben.

Mit eiskaltem Griff
umschlingt neidgelbe Eifersucht
mein Bein, hindert am Laufen
stoppt meine Flucht.

Allseits herrscht Angst
und durchsetzt den Äther.
Injiziert jeder Pore ihr dunkelstes Gift.
Heißt mich wortlos: Verräter!

Wie find´ ich nur zurück?

Wende den Blick! Schau hin und her!
Blicke ringsum! Und kreuz und quer!
Versuch es noch einmal!
Bedenk´ jede Dimension!
Überschreite den Horizont!
Richte den Blick nach oben!

Fliegen soll ich anstatt zu laufen?
Wieder mich vorwagen in neue Gefilde?
Wiederholt allen Mut zusammenraufen?
Mein Leben! Was führst du im Schilde?

Also dann:

Noch einmal diese Maskerade,
noch einmal die Fassade.
Errichtet zu verdecken,
mich dahinter zu verstecken.

Noch einmal Automatismen aktivieren,
nicht nochmal den Halt verlieren!
Mich im Inneren zu schützen:
Mauern bauen, Trugbild stützen.

Einmal mehr ZU laut lachen:
Aus meinen Tränen Lachtränen machen.
Verstoß´ gegen mein Unehrlichkeitsverbot.
und doch tut´s Not.

Still

Die Hand ist gelähmt,
der Mund schon stumm.
Die Augen geschlossen,
der Tag ist gelebt.

Das Schweigen ist bei mir,
der Tag ist vergraut.
Die Stille lastet und
Du bist nicht hier.

Versuch der Durchdringung
des Schleiers, des Graus
zerfällt an der Brücke
des Denkens. – AUS.

Koexistenz

Unsere stetigen Ambivalenzen
führen zu wiederholten Turbulenzen
und enden mit halben Konsequenzen.

Unsere schönsten Differenzen
sind nicht mehr als Konvergenzen
zu absoluten Kongruenzen.

Meist erbitten wir Karenzen,
suchen in Rekonvaleszenzen
einen Weg zu Resilienzen.

So feilen wir in Korrespondenzen
an UNmöglichen Tendenzen
und diskutieren Interferenzen.

Ich finde mich in Konkurrenzen,
zitiere bekannte Präzedenzen
und komponiere Schluss-Kadenzen.

Doch trotzig und mit Vehemenz
und jenseits jeglicher Intelligenz
verlangt uns unsere Dependenz.

Herbstmelancholie

Regengraue Tage
waschen
und sehn zu,
mir die Erinnerung
von meinen Augen wegzunaschen.

Nebelweiße Schwaden
wagen
den Versuch,
mir deinen Atem
von meinen Lippen abzujagen.

Spitzwütige Nadeln Sonne
treiben
unverfroren
deine Wärme durch die Maschen
meiner Herbstwolljackentaschen.

Nur der Abdruck
deiner Nase
hält sich fest auf meinem Brillenglase.
Von deinem letzten Kuss.
Und Schluss.

versiegen

Versprochen

Ich danke Dir, du gute Mutter.
An deiner weichen Brust, da ruhte ich.
Zu deinen Füßen vergaß ich mich.
In deinen Armen fand ich mich.

Du lecktest zärtlich mein Gesicht
und nahmst die Tränen sanft von mir.
Du birgst das eine Geheimnis tief in dir.
Du zeigst mir Gleichmut, wenn ich verlier.

Ich blickte weit in deine Tiefen.
Und staunte sehr, es war'n die meinen.
Du relativierst Grenzen, die unbesiegbar scheinen
und kühlst meine Wunden bis sie heilen.

Lebe wohl, du gute Mutter Meer.
Ich senke mein Haupt und verspreche dir,
dass dieses hier kein Abschied ist,
und dass ich immer wiederkehr.

Meeresrauschen

Silberwellen kleiden mich
in kühlen Mondscheinglanz.
Weben ein in Seidenstrahlen
Traum vom Feentanz.

Schaum des Meeres krönt mein Haupt,
entführt und lenkt meine Gedanken.
Jedes irdischen Denkens beraubt
fallen diesseits mühelos die Schranken.

Traum vom Jenseits greift mein Herz.
Meine Seele scheint verloren.
Silberarme tragen meinen Schmerz.
Werd´ ich neu geboren?

Sonnenglanz bricht heiß und golden
sich an kühler Meeresflut.
Mein Sehnen nach Erinnerung
Entzündet sich an tausendfacher Glut.

Abertausend Finger tanzen feucht
Und funkelnd über meine Haut.
Und hell von Osten her erleuchtet,
Ein neuer Morgen graut.

Wettstreit

Mit beider Hände Kraft
teilte ich den Horizont.
Wieder und wieder schob ich die Wellen.
Ein unablässig' Ringen,
wer wohl der Stärk're sei.

Mit Salz und Kältegriff
teilte das Meer meinen Horizont.
Wieder und wieder schlugen die Wellen.
Ein ungleiches Eifern.
Ich verlor und meine Gedanken waren frei.

Mit Staunen und Erkennen
folgte ich dem Horizont.
Ergab mich den schaukelnden Wellen.
Eine mütterliche Wiege.
Und ahnte, wie es ohne Wiederkehr sei.

Kontrollverlust

Mein Herz macht, was es will.
Berstet meine Brust.
Schlägt plötzlich heftig, viel zu schnell.
Am Ruder reißt die Angst.

Die bunten Insekten werden
zu Ratten in meinem Magen,
beginnen an meinen Eingeweiden zu nagen,
statt wie zuvor mit leichten Flügeln zu schlagen.

Meine Füße lenken die Schritte
hinunter an den Strand.
Und dann immer weiter,
bis mir das Wasser zum Halse stand.

Tränen schlieren meine Augen blind.
Das Blut rauscht in meinen Ohren,
bis sie fast taub, gehörlos sind.
Meine Zunge schmeckt das Salz.

Ein letzter Atemzug pumpt puren Sauerstoff
in mein schwarzes Blut.
Meer durchströmt mich. Ich vertraue.
Am Ende wird alles gut.

Untergang

Rotes Gold und Kupfer Blut. Tropft

die Sonne ihre Schönheit in das Meer.

Malt Federwolken in lilablauweiß.

Vergänglichkeit.

Jeden Tag

Aufs neu.

Kindertage

Damals war's,
da hockten wir,
die Knie im spitzen Winkel,
zwischen Muschelalgentang.

Blitzten blaue Augen über braunen Wangen,
strohgelb der Schopf.
Auf der Jagd nach Schätzen.
Wir suchten stundenlang.

Nach Donnerkeil und Hühnergott.
Eine Perle wär's: der größte Fund.
Am Seeglas bissen wir, hielten 's für Bern.
Und uns war's nicht bang.

Beziffert

Die Zahl zu diesem Jahrestag
ist nicht mehr als eine Zahl,
die allenfalls vermag,
die Jahre, die vergangen sind,
zu zählen, bis zum heutigen Tag.

Was bewegt das Leben,
was bewirkt die Zeit?
Die Antwort darauf zu geben,
das geht der Jahreszahl zu weit.
Was vor uns liegt, wohin wir gehn,
das sagt sie nicht,
mitnichten, wo wir heute stehn.

Wer wir sind und wie wir sind,
dafür ist die Nummer blind.
Ein Maßstab, eine Zeiteinheit,
mehr als dieses ist sie nicht.
Nur eine Zahl. Ohne Gewicht.

Wenn

Ich könnte den Schmerz
in schöne Worte hüllen.
Ich könnte mit meiner Sehnsucht
Bibliotheken füllen.
Ich könnte meinem Herzen erlauben,
allen Widerständen zum Trotz
an uns zu glauben.

Ich könnte verhindern,
dass mir die Knie versagen.
Ich könnte stark sein
und "wie geht's denn so?" fragen.
Ich könnte versuchen, mich aufzurichten.
Ich könnte zugunsten eines andern verzichten.

Ich könnte dem Verstand Glauben schenken.
Ich könnte meine Liebe im Meer versenken.
Ich könnte "lebwohl" und "nie wieder" sagen.
Ich könnte nach einem stattdessen fragen.

Ich könnte mit allerhand Tand mich ablenken.
Ich könnte auch wieder an was anderes denken.
Ich könnte vernünftig sein wie vorher nie.
Ich könnte - wenn ich wüsste wie.

Nördlich

Nach Osten möcht´ ich ziehn,
dem neuen Tag entgegen.
Das Morgenrot erspähn,
der dunklen Nacht entfliehn.

Nach Osten wollt´ ich fliegen.
Mit weißer Wolkenpracht
mein Antlitz rasch bedecken,
die Einsamkeit besiegen.

Nach Osten werd´ ich blicken,
dem neuen Tag entgegen.
Das Morgenrot erspähn,
an der Hoffnung mich erquicken.

Loch im Stein

Mag sein, dass diesem Hühnergott

ein süß' Geheimnis innewohnt.

Schaust du hindurch grad himmelwärts,

fällt Glück hinab, direkt ins Herz.

Verabredet?

Jeden Morgen zur Stunde acht
Stand ich auf der Brücke am Strand.
Im Rücken die Nacht,
hinter mir das Land.

Zählte die Wellen,
die unaufhaltsam den Strand erklommen
und sah, wie in der Ferne
die Horizonte verschwommen.

Ich streckte die Arme
den tiefen Wolken entgegen
und begriff endlich
den endlosen Regen.

Hoffte, dass einer der Läufer
am Strand
ein einziges Mal nur
den Weg zu mir fand.

Sah, wie erzürnt
die Welle brach
und ein einsamer Sonnenstrahl
das Grau durchstach.

Kalt schlug mich
die aufschäumende Gischt.
Bis sich das Salz des Meeres
mit dem meiner Träne vermischt.

Alles ist eins,
als meine Hoffnung bricht.
Denn ich erkannte:
Auch heut' kommst du nicht.

Wellenreiter

Wie ein Wellenreiter
schwimme ich ins Meer.
Weit und immer weiter,
im Auge die Gefahr,
das Herz vor Sehnsucht schwer.

Mein Brett trennt Meer und Himmel.
Bebend steig ich auf den Horizont.
Finde irgendwo dazwischen
eine Art Balance.
Und geb mich hin im Wellentanz.

Es zieht mich Freude schallend ganz empor
auf den Wellenkamm.
Und dann –
leb ich die Freiheit des Moments.
Der Wind trägt mich und schreit mir ins Gesicht.
Es dehnen sich Sekunden, bis die Welle bricht.

Ich stürze, falle, sinke, taumle
ohne Ende, ohne Halt.
Erblicke ganz unten im abgrundtiefschwarz
was lange verborgen
und längst schon verloren galt.
Wind und Welle – alles eins
und nichts mehr so vertraut,
wie einst das Salz auf unsrer Haut.

So wollte ich, das Sterben ist,
Ertrink' an Meer und Himmel gleich.
Ein einziges Fallen direkt aus dem Glück
hinunter in das Tiefseereich.

Das letzte Glück des letzten Moments zieht mich wie-
der hoch.
Die Lunge schreit nach Sauerstoff und Leben
immer noch.
Und so beginnt es ein ums andre Mal,
Ich schwimm' ins Meer und lache der Gefahr.

Weit und nochmal weiter
wie ein Wellenreiter.

Tango Argentino

fußsohlen fest auf dem boden
knie flexibel, schön gebogen
hüfte unter spannung
intuitive ahnung

aufrecht im becken
bauchnabel verstecken
brustbein zum himmel hinauf
richte dich auf

schultern tief nach hinten
miteinander verbinden
achtsam im druck
und im gegendruck

rhythmus spüren -
klänge fühlen -
schweben -
leben -
nichts mehr denken.

Tanz!

Die Schuhe der Nachbarin

Die Nachbarin ließ ihre Schuhe jeden Abend vor der Tür stehen.

„Die müssen doch morgens ganz kalt sein", denkst du gerade und betrachtest versonnen das einsame Paar. Und während du so nachdenkst, scheint es, dass die Schuhe zu dir hinübersehen, ja, dich beinahe anlächeln. Erschrocken registrierst du das und wendest den Blick ab. Im nächsten Moment musst du doch wieder hinsehen. Da stehen sie, unbewegt, unverändert, und doch scheint es, sie lächeln.

Du schaust sie an und bemerkst ihre Schönheit. Das Leder so glänzend und glatt. Fest, beständig und sicher. Und erst diese Farbe. So ein satter, vollklingender Farbton, deine Lieblingsfarbe – bisher hattest du keine. Sie könnten dich wärmen an kalten Tagen und im Regen bliebest du trocken. Diese Schuhe sind ein zu Hause, egal, wo du gerade stehst, egal, wohin du gerade läufst.

Du schaust dich um, nein, niemand ist hier. Was schadet es, ein kleines Stück näher zu gehen und genauer hinzusehen... Du schleichst verstohlen hinüber und betrachtest sie näher. Wirklich, ein wundervolles Paar Schuhe. Sohlen, die dich gut tragen, ein Schaft, der sich an deine Knöchel schmiegt, festes Leder, das Halt gibt. Ob du sie berührst? Sieht doch niemand, warum eigentlich nicht? Sie sehen aus, als wollten sie genau Deine Beachtung erfahren... Ganz sachte streichst du mit den Fingerspitzen über das blanke Leder. Ja, sie sind schon etliche Kilometer weit gegangen, das ist zu sehen und zu spüren. Feine Risse, eini-

ge Falten und abgeriebene Stellen erkennst du jetzt –
und doch: Das, was sie einmal waren, als sie ausge-
sucht, anprobiert und gekauft wurden, das spürst du
deutlich. Jugend, Leichtigkeit, Kraft, Neugier – alles
ist da. Schnell stellst du die Schuhe zurück, wie sieht
denn das aus, wenn das jemand sieht...

Die Schuhe gehen dir nicht aus dem Sinn. Da ist et-
was, das dich zu ihnen zieht und du ahnst, dass auch
die Schuhe nach dir verlangen. Was für ein Blödsinn,
das kann doch gar nicht sein, sind doch nur Schuhe.
Sie gehören der Nachbarin, die sie täglich trägt und
die Schuhe tragen sie. Doch nachts, nachts stehen sie
allein. Allein vor der Tür, wo niemand hinsieht und
niemand sie sieht.

Ständig musst du an diese Schuhe denken. Du ver-
gleichst sie mit denen, die du selbst getragen hast, du
vergleichst sie mit denen, die von anderen getragen
werden oder mit denen, die noch ganz neu und un-
schuldig im Laden stehen. Mit all den anderen scheint
irgendetwas nicht in Ordnung, eine Kleinigkeit nur
oder auch das große Ganze. Immer fehlt etwas oder es
ist etwas zu viel. Die einen haben die falsche Farbe,
die anderen sind zu perfekt. Und kein einziges Paar
spricht zu dir, so, wie es die Schuhe der Nachbarin
tun.

Du überlegst, was du tun kannst, damit die Schuhe
deine Gedanken in Ruhe lassen: du lenkst dich mit
schönen Dingen ab, bist unterwegs, kümmerst dich
um dies und das. Doch du hast keine Chance. Seitdem
du die Schuhe berührt hast, schleichen sie sich un-
ablässig und wie von selbst in deinen Kopf.

Wie es wohl wäre, einmal hineinzuschlüpfen... Wie es
wohl wäre, ein paar Schritte in ihnen zu gehen...

Wie es wohl wäre, sie zu besitzen...

Nein, du verbietest dir diese Gedanken, wie kannst du nur auf derartige Ideen kommen? Die Schuhe sind eingetragen, haben das Fußbett ihrer Trägerin angenommen, wie kommst du nur darauf, sie könnten dir passen? Völlig verwegen, der Gedanke, sie könnten mit dir gehen und dich tragen wollen...

Doch da stehen sie, lächeln dich an, laden dich ein. Niemand sieht hin. Wagst du es? Einmal? Es tut ja niemandem weh. Du huschst hinüber, barfuß. Das Licht ist aus, das Risiko der Entdeckung minimal. Trotzdem ist da ein Prickeln in deinem Nacken, ein kleiner Nervenkitzel. Ganz leise, vorsichtig, behutsam, schlüpft erst dein rechter Fuß in den passenden Schuh, dann der linke. Es ist wie eine Verwandlung. Die Schuhe schmiegen sich an deine Füße, fast ist es, als ob sie seufzen, schluchzen, aufatmen. Keine einzige Stelle drückt, nichts reibt, weder zu groß noch zu klein. Raum genug und dennoch fester Halt. Tatsächlich geben diese Schuhe Wärme, von der ersten Berührung an. Du ahnst, was Perfektion bedeutet und weißt es ganz genau: mit diesen Schuhen könntest du auf Berge steigen, am Strand über die Wellen des Meeres springen, durch tiefsten Schnee stapfen, auf dem Drahtseil stehen und auf den schönsten Bällen tanzen. Du hast die Augen noch immer geschlossen und gibst dich den Bildern hin, die die Schuhe und du gemeinsam träumen. Du weißt es jetzt ganz sicher: die Schuhe spüren dich, so wie du sie spürst. Ihr könntet eine Einheit sein. Könntet... Du öffnest die Augen und siehst erschrocken an dir hinab. Diese Schuhe geben dir eine ganz neue Haltung. Du stehst aufrecht, du bist stolz, du lächelst mit einer Selbstverständlichkeit das Leben, DEIN Leben, an. Sie gehören zu dir, diese Farbe ist DEINE Farbe, dieser Glanz ist DEIN Glanz, diese Schuhe sind DEINE Kraft. Ja, sie gehören zu dir! Aber sie gehören dir nicht.

Es kommt jemand. Schnell versuchst du, die Schuhe abzustreifen. Es ist nicht leicht. Es ist, als hielten sie dich fest. Es ist, als bliebe ein Teil von dir bei ihnen.

Du flüchtest hinter deine Tür, schließt sie lautlos. Ein letzter Blick auf die Schuhe, sie sehen verletzlich aus, verloren, zurückgelassen.

Die Nachbarin wurde stutzig, nahm die Schuhe vom Boden, begutachtete sie, drehte und wendete sie hin und her. Sie sahen verändert aus, aber wo? aber wie? Äußerlich war nichts zu erkennen. Und doch...

Die Nachbarin blickte nach links und dann noch einmal nach rechts. Die Schuhe fest in den Händen. Nichts. Niemand zu sehen. Sie betrachtete die Schuhe skeptisch von allen Seiten, hielt sie nah vor ihr Gesicht und dann wieder am ausgestreckten Arm vor sich. Sichtbar war nichts, aber sie spürte eine Veränderung. Verwundert, stutzig, unsicher, was das zu bedeuten hatte, nahm sie die Schuhe mit hinein.

Es entzog sich unserer Kenntnis, ob die Schuhe von nun an ihre Nächte in warmer Geborgenheit verbrachten, ihr weiteres Dasein traurig auf irgendeinem Regal irgendeines Schrankes in irgendeiner Kammer fristeten oder ob sie mit dem Abfall entsorgt wurden. Sie wurden nie wieder gesehen.

Rückkehrer

Autobahn.
Tunnellichter.
Landebahn
zurück.

Im Rückspiegel
Reflexionen.
Eines Schnipsels
neuen Glücks.

Rückkehr
in ein altes Leben.
Versuch.
zu atmen.

Ich lieg auf Eis

Hab mich in alle Nebel aufgelöst,
als ich im Wettstreit
mit den Wolken tanzte.
Gefror dann doch zu Eis.

Stürzte mich mit tausend Tropfen dreist
und ungestüm
mit dem Wasserfall vom Fels.
Doch jetzt lieg ich auf Eis.

Verbrannte, zahlte diesen hohen Preis,
mich zu schmücken
mit aller Sterne Glanz.
Und jetzt lieg ich auf Eis.

Die, die allen Ursprung speist,
durchquert' ich baren Fußes.
Weg durch Wüste, weites Land.
Erstarrt lieg ich auf Eis.

lautlos

still trage ich Bilder
durch mein ganzes Leben.

still gepflegt, erinnerungsgenährt
und niemals hergegeben.

still wirft Gestern-Licht
sein' Schatten in ein neues Morgen.

still behüt' ich meine Bilder,
werd' mit Liebe sie umsorgen.

still fühl' ich im Innern:
zu Ende, dennoch kein Verlust.

still trag' ich die Bilder
von heute an in meiner Brust.

Inhalt